CONFÉDÉRATION EUROPÉENNE.

PIERRE SIGAUD

AVOCAT CONSULTANT PRÈS LA COUR IMPÉRIALE DE NIMES.

CONFÉDÉRATION
EUROPÉENNE

PRINCIPALEMENT POUR

L'ABOLITION DE LA GUERRE

ET LA

RÉDUCTION DES ARMÉES & DES IMPOTS

EN EUROPE

MÉMOIRE A CONSULTER PAR LE FUTUR CONGRÈS

Adressé à Sa Majesté l'Empereur des Français

« C'est encore la force et non le droit qui décide
du sort des peuples. »

(NAPOLÉON III, 2 MARS 1854.)

Prix : 50 Centimes.

DEUXIÈME ÉDITION.

PARIS

GUILLAUMIN ET Cⁱᵉ, LIBRAIRES-ÉDITEURS,

RUE RICHELIEU, 14.

1859

À Sa Majesté Napoléon III, Empereur des Français.

SIRE,

A l'exemple d'un grand prince de Toscane, Votre Majesté sait porter dans sa tête puissante tout son conseil. Elle a d'ailleurs à sa disposition des ministres de la plus haute capacité, des diplomates expérimentés, des publicistes éminents, avec lesquels elle peut conférer sur le bien qu'il convient d'opérer. Comment donc espérer qu'un souverain aussi éclairé que Votre Majesté, daignera incliner l'oreille vers la faible voix d'un homme peu connu ? Cependant, n'est-ce pas surtout sous votre règne, qu'il a été permis à tout citoyen, en dehors de la filière des administrations, d'adresser directement à Votre Majesté des suppliques respectueuses ? La prière, qui monte au trône de Dieu, ne peut-elle s'élever à celui des Empereurs? et s'il est permis de pétitionner pour un intérêt privé, est-il défendu de le faire pour celui de l'humanité? Je n'appartiens pas néanmoins, Sire, à la classe de ces philanthropes à qui leur zèle rend tout aisé et qui voudraient voir réaliser simultanément une série de réformes qui ne peuvent l'être que successivement, à mesure que le temps en a démontré l'utilité pratique; ni à la classe de ces hommes timorés, enfermés dans l'étroit horizon du présent, rétifs au progrès, réputant impossibles, avant le succès, les plus belles inventions de l'industrie et les plus utiles réformes de la société.

Ces hommes, dont les uns sont séduits par des sophismes, les autres par l'amour intéressé de la routine et des abus, ont déclaré impraticables l'abolition de la guerre et l'établissement de la paix perpétuelle en Europe. Je m'attends bien, dans leur froide indifférence pour le bien public, surtout pour celui des générations à venir, à les voir encore éconduire la question que je soulève de nouveau, avec le mot dédaigneux d'*utopie* ou avec le terme plus poli de *rêve d'un homme de bien,* que le cardinal Dubois appliquait au projet de l'abbé de Saint-Pierre. Mais ce manque de foi à l'avènement possible du bien et du règne de Dieu sur la terre, ne doit pas surprendre de la part de celui qui n'était rien moins qu'un homme de bien, et que la mère du régent nommait le plus grand coquin qu'il y eût au monde. D'ailleurs, ce personnage, devenu de valet premier ministre, avait ses raisons pour dire qu'il n'y avait rien à changer et que tout était pour le mieux dans le meilleur des mondes possibles qu'il habitait et où il possédait plus d'un million et demi de revenus de ses places et bénéfices.

Ce sujet n'est pas neuf, et après l'abbé de Saint-Pierre qui l'a traité dans son projet de paix perpétuelle, les sociétés de la paix, de nos jours, ont travaillé à répandre ces principes humanitaires. Au mois de juillet 1843, plus de trois cents délégués de la Grande-Bretagne, de l'Irlande, des Etats-Unis et du continent d'Europe, se réunirent pour délibérer sur les meilleurs moyens de faire avancer cette belle cause. Le résultat de ce mémorable congrès fut des plus heureux. On commença à comprendre que la paix universelle n'est pas une utopie, et que nous pouvions l'espérer prochainement des progrès de la raison humaine comme de la révélation divine de la bible, qui nous annonce « *qu'un temps viendra où les nations* » *forgeront leurs épées en hoyaux et leurs hallebardes en serpes.* » Ce congrès envoya des députations et des pétitions aux divers souverains du monde et à leur ministres. Ces aspirations pacifiques furent accueillies gracieusement et avec une vive bienveillance. Mais, jusqu'à présent, rien de décisif et de général n'a été tenté pour l'exécution sérieuse de cette sainte institution.

Puisant ma mission dans ma conscience et dans ma religion, je viens, Sire, essayer de plaider cette grande cause devant Votre tribunal suprême. Elle n'a pas été étrangère aux méditations de Votre Majesté avant votre élévation sur le trône. La reconnaissance nationale pour le héros fondateur de Votre dynastie et l'appréciation de vos mérites personnels, vous y ont porté sur le pavois du suffrage universel, qui a consacré, dans votre personne, la double légitimité de l'hérédité et de l'élection. Les lois et les actes de Votre règne ont de plus en plus justifié ce choix et satisfait les amis des sages réformes. Permettez-moi donc, Sire, d'espérer que ma voix trouvera un retentissement sympathique au fond de votre grande âme, en entretenant Votre Majesté d'un projet dont l'exécution ferait faire un pas immense à la civilisation européenne.

Citoyen français, j'ai dû, Sire, soumettre mes humbles vœux à la haute sagesse de Votre Majesté ; citoyen de l'Europe, j'invoque respectueusement l'assentiment des autres souverains de cette région, tous intéressés à son repos si souvent troublé, tous amis de l'humanité ; citoyen de la terre, je brigue les suffrages de toutes les autres puissances.

I

Du plus loin que je porte mes regards dans le passé, j'aperçois, sur notre planète, deux troupeaux immenses d'animaux mâles de la même espèce, qui s'entre-choquent et s'entre-déchirent fréquemment, tantôt sur un point, tantôt sur un autre. — Sont-ce des lions, des tigres, des hyèes ou autres bêtes carnassières? — Non ; les bêtes de la même espèce ne sont pas assez féroces pour se dévorer entre elles. — Ce sont les rois des animaux, l'espèce soi-disant la plus raisonnable, la plus douce, la plus faite pour l'amitié ! Et non contentés des moyens de défense que la nature leur a donnés, ces créatures de Dieu, faites à son image, pour mieux détruire son œuvre la plus sublime, ont recours à des armes d'autant plus meur-trières que leur nation se dit plus civilisée ! — Sans doute la haine personnelle, la vengeance, l'intérêt animent les combattants ? — Non, ces hommes ne se haïssent pas entr'eux essentiellement : le Français, l'Anglais, l'Italien, ne sont pas les ennemis du Russe, de l'Autrichien, contre lesquels ils vomissent la mitraille de leurs canons rayés. Semblables aux gendarmes qui combattent contre les malfaiteurs, ces guerriers enlevés à leurs familles par la force de la loi militaire, se battent bon gré, malgré, pour accomplir un devoir et exécuter une consigne, moyennant une légère solde, d'autant plus admirables dans leur bravoure et leur dévoûment, qu'ils n'examinent pas les motifs de la guerre ou qu'ils les désapprouvent parfois intérieurement. La patrie les appelle, il faut marcher. Sans doute, on cherche à faire passer dans leurs âmes les sentiments qui animent leur gouvernement. On exalte leur enthousiasme belliqueux, en leur rappelant les victoires de leurs pères. Gloire donc à leur courage héroïque ! Gloire aux braves combattants, vainqueurs ou vaincus, morts ou vivants de Palestro, de Magenta, de Solferino! Ils n'ont à répondre que de la manière dont ils se sont battus. Mais c'est aux chefs qui ordonnent la guerre qu'il faut demander compte du sang de leurs peuples qui crie et n'est pas encore écouté. N'y a-t-il pas vraiment d'autre moyen que la force brutale pour régler les différends qui divisent les nations ou plutôt leurs souverains ? Telle est la question, tel est le cri de l'humanité désolée dont je viens, Sire, porter l'écho derrière le char de triomphe de Votre Majesté, au milieu des félicitations et des acclamations auxquelles je m'associe pour les hautes vertus militaires, pour la magnanimité et pour la modération que vous avez déployées sur les champs de bataille de l'Italie !

Les chefs les plus sensés des nations ne font la guerre que contraints et forcés et sous l'empire des circonstances. « *Les braves* » *militaires,* disait Napoléon Ier (11 germinal an v), *font la guerre* » *et désirent la paix.* » Que de maux n'entraîne pas en effet le régime de la guerre. En temps de paix, l'entretien des armées permanentes exige des sommes considérables qui ont été évaluées pour l'Europe à deux milliards de francs. La perte annuelle de travail que l'Europe supporte par la privation de quatre millions environ d'individus retenus sous les drapeaux, a été estimée au chiffre de 890 millions de francs. Ces deux sommes réunies constituent, chaque année, pour l'Europe, une dépense de près de trois milliards. En temps de guerre, les dépenses et par suite les impôts s'accroissent dans une proportion effrayante. La guerre qui dévore, année commune, dans le monde, quarante mille hommes sur cent mille, enlève ainsi pour toujours à l'Europe une forte partie de travailleurs. De là, dépopulation et disette, sans compter les pestes et les maladies. Napoléon disait à Sainte-Hélène : « Sous » l'école de Pitt, nous avons désolé le monde, et pour quel résul- » tat ? Vous avez imposé quinze cents millions à la France, et les » avez fait lever par des cosaques ; moi, je vous ai imposé sept » milliards et les ai fait lever de vos propres mains par votre Parle- » ment; et aujourd'hui même, après la victoire, est-il bien certain » que vous ne succomberez pas sous une telle charge ?

» Avec l'école de Fox, nous nous serions entendus ! nous eussions » accompli, maintenu l'émancipation des peuples, le règne des » principes : il n'y eût eu en Europe qu'une seule flotte, une seule » armée ; nous aurions gouverné le monde, nous aurions fixé chez » tous le repos et la prospérité, ou par la *force ou par la persua-* » *sion.*

» Oui, encore une fois, que de mal nous avons fait, que de bien » nous pouvions faire ! »

En effet, en réduisant les armées permanentes en temps de paix, en rendant la guerre aussi rare que possible, quel dégrèvement dans les impôts, quel amortissement dans la dette publique, quelles améliorations dans l'industrie, dans le commerce et surtout dans l'agriculture ne pourrait-on opérer ? En augmentant le nombre des ouvriers, d'un côté, on diminue le prix de la main-d'œuvre; de l'autre, on augmente la masse des produits. C'est alors que, suivant l'expression de Franklin, la terre deviendrait en quelque sorte un paradis terrestre.

II

La guerre est donc un fléau en elle-même, faut-il croire avec Malthus quel est un mal nécessaire, dans l'ordre de la Providence, pour remédier à un mal plus grand, à l'accroissement de la misère qui, suivant cet économiste, serait le résultat de l'exubérance de la population? Faut-il penser avec lui que la race humaine tend à se propager dans une proportion supérieure à celle dans laquelle se multiplient les subsistances, et accepter son théorème, à savoir : que *le genre humain croît dans une progression géométrique, tandis que les vivres ne suivent qu'une progression arithmétique?* « *Si un homme, dit-il, naît dans un monde déjà occupé, et que sa famille n'ait pas le moyen de le nourrir ou que la société n'ait pas besoin de son travail, il n'a pas le moindre droit à réclamer une portion quelconque de nourriture, il est réellement de trop sur la terre. Au grand banquet de la nature, il n'y a pas de couvert mis pour lui. La nature lui commande de s'en aller ; et elle ne tarde pas à mettre elle-même cet ordre à exécution.* » Lorsque la population a dépassé le niveau des subsistances, les calamités de toute espèce, les maladies, la peste, la guerre viennent fondre sur ces hommes *qui sont de trop.* « *La* » *misère, dit Malthus, pousse les basses classes du peuple sous* » *les drapeaux des conquérants dont l'ambition, sans ce mobile,* » *manquerait d'instruments de destruction.* » Ainsi donc, suivant lui, notre planète serait trop petite pour nourrir le genre humain, si la guerre et les autres fléaux ne venaient limiter sa propagation. Ce philosophe avait pris pour sujet de ses observations les Etats-Unis où la population double tous les vingt-cinq ans, et c'est d'après cet exemple qu'il formule sa loi et l'étend à tout le globe.

Pour réfuter l'erreur de Malthus qui se glisse quelquefois dans certains esprits , on peut d'abord observer que dans la contrée qu'il a prise pour fondement de sa loi , ou dans celles qui sont placées dans de semblables conditions , la nature n'a pas donné tout ce qu'elle peut produire. Une foule de terrains y restent en friche. La population abandonne trop les campagnes pour s'entasser dans les grandes villes, où l'extrême opulence coudoie l'extrême misère , faute d'espace et de travail pour tous. Qu'on exploite ces terrains vacants, que par des encouragements sérieux prodigués à l'agriculture on fasse refluer les travailleurs dans ces campagnes plus ou moins délaissées ; qu'on donne un nouvel élan aux manufactures et au commerce ; et l'on verra les sources diverses de la richesse de ces contrées verser une plus grande abondance de biens sur une population croissante. C'est le phénomène qu'on a constaté en Angleterre et en Hollande où, en dépit de la faible étendue ou de l'ingratitude du sol, une population active, industrielle, infiniment plus nombreuse que dans les temps passés , jouit d'un plus grand bien-être, étant mieux nourrie, mieux logée, mieux vêtue. Si la population d'un pays en s'augmentant consomme plus de produits , elle en accroît la masse dans une plus forte proportion. Car le travail d'un homme suffit, comme on l'a prouvé , à nourrir dix de ses semblables. En sorte que le bien-être individuel dépend de l'équitable répartition des profits.

En second lieu , dans la supposition que Malthus eût exactement étudié ce qui se passe aux Etats-Unis, il aurait tort encore de généraliser ses observations et d'embrasser, dans la même loi, tous les pays du globe. En effet, nous voyons, même en Europe, plusieurs nations dont la population est clair-semée dans un vaste territoire , et sur diverses parties du globe, une foule de terres désertes quoique d'une fertilité prodigieuse. Les habitants d'une contrée qui serait réellement surchargée de population ne sont donc pas condamnés à se laisser décimer par la guerre et les autres fléaux. Ceux d'entre eux à qui la patrie natale n'offre point assez de ressources peuvent aller pacifiquement chercher un autre patrie dans des pays dont la population a moins de densité, et qui se trouveraient heureux de leur fournir les moyens d'une honorable existence , en s'enrichissant elle-même du fruit de leur travail et de leur industrie. C'est ainsi que les souverains de la Russie et de la Prusse ont encouragé dans leurs Etats moins peuplés les établissements des étrangers. Enfin , des colonies peuvent être dirigées vers les terres lointaines et inexplorées. C'est ainsi qu'on a vu les populations européennes aller défricher les forêts et cultiver les savanes du nouveau monde où erraient naguères des hordes de sauvages et où se déroulent maintenant de riches prairies et s'élèvent des villes florissantes.

Ne craignons donc pas l'accroissement de la population , car elle est la richesse des nations, et la terre , comme on l'a vérifié , peut nourrir cent fois plus d'habitants qu'elle n'en possède. Ne nous opposons pas à leur multiplication providentielle, surtout en apportant des entraves, comme le veut Malthus , aux mariages des classes pauvres. Car le célibat, qui n'empêche pas la propagation, met à la charge de la société des enfants qui dans un âge plus avancé, livrés à eux-mêmes , la troublent souvent par leurs désordres, tandis que les unions légitimes engendrent de petites sociétés civiles où l'entretien et l'éducation des enfants sont confiés à l'autorité plus ou moins énergique des pères de famille , utiles auxiliaires de l'autorité publique. Appliquons-nous donc par les progrès de l'agriculture , de la médecine et de toutes les sciences , par l'assainissement du globe , à diminuer autant que possible les causes physiques des mortalités extraordinaires et gardons nous d'ajouter aux agents aveugles et fatals de destruction , l'action réfléchie et encore plus terrible du fléau de la guerre.

III

La guerre est donc un mal purement gratuit, sans compensation de bien. On en convient. Et les grands politiques d'Europe ont cherché le moyen d'empêcher la guerre, autant que possible, dans cette partie du monde. Quel moyen ont-ils imaginé? — L'équilibre des grandes puissances européennes. —Votre Majesté a elle-même, Sire, indiqué ce moyen, en y joignant celui de la restauration des nationalités. « Asseoir la paix, avez-vous dit (le 2 mai 1854), ce n'est » pas maintenir, pendant quelques années, une tranquillité factice. » C'est travailler à faire disparaître les haines nationales, en favo- » risant les intérêts et les tendances de chaque peuple. C'estcréer » un équilibre entre les puissances. » —Sans doute, cette égalité de puissance entre les grands états est, jusqu'à un certain point, une garantie de la paix. Une grande nation, avant d'attaquer un état de même taille qu'elle, y regarde à deux fois. Mais combien il est difficile de maintenir la balance égale entre les Etats de l'Europe. Combien de causes peuvent la faire pencher tantôt d'un côté, tantôt de l'autre? Ici les vues ambitieuses de la Russie sur Constantinople; là, l'influence de l'Autriche sur l'Italie; ailleurs, la prépondérance maritime de l'Angleterre. Que de guerres, que de traités pour maintenir cet équilibre stable si souvent compromis depuis la guerre de trente ans et le traité de Westphalie jusqu'à la prise de Sébastopol et la paix de Paris, jusqu'à la victoire de Solferino et la paix de Villafranca! et combien de motifs peuvent encore faire trébucher cette mobile balance, cette pondération que Votre Majesté a cherché à établir au prix de tant de sang et de dépenses?

La restauration des nationalités? La satisfaction de leurs tendances, des idées généreuses à la tête desquelles marche Votre Majesté? Oui, Sire, honneur à votre politique libérale! Vous avez affranchi la nation italienne, si intéressante à tant de titres, du joug de l'Autriche. Mais l'Italie délivrée, d'autres nationalités peut-être reconquises, comment éviter le froissement des intérêts entre les nations voisines et par suite un cercle de guerres interminables?

IV

Le vrai moyen, Votre Majesté l'a déclaré elle même, dans l'écrit précité, et c'est votre dernier mot. « *C'est de suivre la politique de Henri IV.* » Oui, Sire, il faut la suivre, mais surtout dans ce qu'elle avait de plus grand et de plus efficace pour la tranquillité et le bien-être de l'Europe. Ce moyen auquel avait travaillé quinze ans ce bon roi, auquel il avait intéressé le roi d'Angleterre, le roi de Suède, les protestants d'Allemagne et les princes d'Italie, et dont l'exécution fut arrêtée par le poignard de Ravaillac (1), c'est d'achever la civilisation de l'Europe qui s'est arrêtée aux frontières des empires, comme Votre Majesté le dit encore dans le même écrit. « La » commune, la ville, la province ont l'une après l'autre agrandi la » sphère sociale et reculé les limites du *cercle au-delà duquel existe* » *l'état de nature. Cette transformation s'est arrêtée à la fron-* » *tière de chaque pays, et c'est encore la force et non le droit* » *qui décide du sort des peuples.* »

Oui, le régime de la guerre tel qu'il est pratiqué entre les nations, c'est l'état sauvage ; état pire que celui de la féodalité. Car, sous ce dernier régime, la paix publique entre les possesseurs de fiefs avait certaine garantie. La cour des pairs, en effet, jugeait quelquefois leurs différends, et permettait la guerre privée contre la partie condamnée qui refusait d'exécuter la sentence. Pour abolir le règne de la force entre les nations de l'Europe, pour effacer au moins de cette partie du monde ce dernier vestige de l'antique barbarie, il suffit de reculer le cercle de l'état social du pôle à la Méditerrannée, de l'Océan aux Monts-Ourals, non par la fusion de tous les Etats européens dans un seul empire, mais par leur union dans une vaste confédération.

(1) *Histoire des Français,* Simonde de Sismondi.

L'entreprise n'est pas d'une difficulté insurmontable.

— Quel prince la mènera à bien ?

— Celui qui saura vouloir.

Sur sa proposition et suivant le mode adopté d'un commun accord par d'autres souverains de l'Europe , chaque nation de cette partie du monde nommerait des députés pour former une Diète constituante; celle-ci discuterait et arrêterait la constitution qu'elle jugerait la plus convenable. Qu'il me soit permis d'esquisser ici , à titre d'exemple , les principales dispositions d'un plan de constitution , non que je le croie le meilleur , mais pour donner une idée approximative de celle qui , mieux élaborée et plus détaillée , serait adoptée par la Diète constituante :

ARTICLE PREMIER. — Les seize Etats de l'Europe forment une Confédération , en conservant chacun leur gouvernement et leurs lois particulières ;

ART. 2. — Tous ces Etats, quels que soient leur nom et leur rang, sont égaux en droit ;

ART. 3. — Ils contribuent aux charges et dépenses de la Confédération , en raison de leurs ressources respectives ;

ART. 4. — Le but de cette union est de prendre les mesures d'intérêt général et , en particulier , de réduire, autant que possible, les cas de guerre entre les divers Etats , et ceux de guerre civile dans chacun d'eux ;

ART. 5. — Le Gouvernement fédératif se compose : 1° d'une Diète législative ; 2° d'une Haute-Cour de justice ; 3° d'un Souverain de l'Europe , président ;

ART. 6. — Les dépositaires du pouvoir législatif de chaque nation éliront , pour six ans, les Membres de la Diète législative et ceux de la Haute-Cour de justice ;

ART. 7. — Ces deux assemblées réunies choisiront, pour le même temps, parmi les souverains de l'Europe , le président de la Confédération européenne.

Le même Souverain ne pourra être élu deux fois consécutives.

(*N. B.*) — Je laisse à la Diète constituante le soin de déterminer la proportion dans laquelle chaque état doit être représenté dans la Diète législative et dans la Haute-Cour de justice.)

Art. 8. — La Diète législative fera toutes les lois qui peuvent intéresser la Confédération ;

Art. 9. — Le Président sera chargé de faire exécuter les lois et les sentences de la Haute-Cour; il prendra toutes les mesures administratives réclamées par l'intérêt de l'union , nommera à tous les emplois relatifs aux affaires générales de la Confédération , et commandera l'armée fédérale ;

Art. 10. — La Haute-Cour jugera les différends entre les nations européennes ou entre les Souverains et leurs administrés ;

Art. 11. — La partie qui refuserait de se soumettre à la sentence arbitrale de la Haute-Cour , y sera contrainte par la force publique de la Confédération ;

Aat. 13. — Jusqu'à l'établissement d'un Gouvernement fédératif pour chacune des parties du globe, et enfin d'un gouvernement fédératif universel, la Haute-Cour de justice délibèrera sur les prétentions et les différends qui s'élèveraient entre une ou plusieurs nations européennes et une puissance étrangère , et décidera la question de paix ou de guerre , lorsque l'intérêt de la Confédération y sera engagé ;

Art. 13. — Dans le cas contraire, chaque nation européenne pourra , à ses risques et charges , faire des traités et soutenir des guerres avec les nations étrangères , sans consulter la Haute-Cour.

Art. 14. — Chaque nation réduira ses armées dans la proportion déterminée suivant les circonstances , par la Diète législative.

Voilà , Sire , un essai d'un plan de Constitution. Qu'on discute, critique, amende tant qu'on voudra ses divers articles; qu'on en ajoute d'autres sur des questions qu'il est inutile ici de prévoir et qui seraient mieux résolues par la Diète constituante ou législative, à mesure qu'elles se présenteraient. Mon but n'est pas de formuler un plan définitif et détaillé de Constitution. D'ailleurs , on peut en composer plus d'une qui atteindraient le même but ; je me suis seulement proposé de solliciter l'établissement d'un gouvernement fédéral européen , principalement pour l'abolition ou du moins la régularisation de la guerre et d'en démontrer la possibilité, la nécessité et l'opportunité.

V

Examinons maintenant et réfutons les diverses objections qu'on peut faire contre le projet d'un Gouvernement fédératif et de l'abolition de la guerre en Europe.

I. La plupart des hommes condamnent la guerre, même les Souverains qui la font. Le czar Nicolas Ier disait, le 13 février 1854 : « Je ne désire pas la guerre, je l'abhorre ! » Et avant lui , le roi déchu Louis-Philippe Ier avait dit le 20 juillet 1853: « La paix est le besoin de tous les peuples, et la guerre coûte beaucoup trop aujourd'hui pour s'y engager souvent ; je suis persuadé que le jour viendra où , dans le monde civilisé , on ne la fera plus ! »

Sans doute, ces princes n'auraient pas reculé devant la conséquence de leur opinion : l'établissement d'une loi obligatoire et coercitive; et ils n'auraient pas adopté ces raisonnements plus ou moins spécieux qui reviennent à dire *qu'un gouvernement fédératif européen n'est pas nécessaire pour arriver à l'extinction des guerres internationales et civiles ; et qu'un jour le progrès des lumières , l'influence de la morale , de la religion et des maximes du droit public , suffiront pour arriver insensiblement à ce résultat.*

Autant vaudrait affirmer qu'un jour viendra où les hommes seront assez justes pour rendre inutiles les tribunaux et la force répressive dans chaque nation ; que tous les différends entre les particuliers seront éteints ou arrangés à l'amiable , et qu'ainsi l'âge d'or renaitra sur la terre : proposition insoutenable ! qu'on essaye en effet de retirer aux individus le frein salutaire des lois positives , et l'on verra bien plutôt , au contraire , recommencer l'âge de fer et le chaos de la Société, l'intérêt et la violence du plus fort , fouler aux pieds les contrats les mieux établis et les inspirations les plus saintes de la conscience. Il est vrai , malgré l'absence d'une force fédérative , la justice naturelle est en général mieux observée dans les rapports moins nombreux, moins fréquents qui existent entre un petit nombre de nations , ainsi qu'entre leurs sujets et leurs chefs ; Montesquieu a dit que la Religion est le frein des rois. Et cependant encore, trop souvent l'anarchie ou l'abus de l'autorité d'un côté , l'intérêt et l'ambition de l'autre, excitent des guerres intestines ou extérieures. Il faut donc , de toute nécessité , instituer au-dessus de la sphère des Etats particuliers , un pouvoir régulateur , le meilleur préservatif contre les révolutions et l'asservissement des peuples.

II. *Dira-t-on que la Confédération de l'Europe entière serait trop considérable pour avoir des chances de durée ?*

Elle ne le serait pas sans doute par le nombre de ses membres ? Car elle ne serait composée que de seize Etats , tandis que la ligue helvétique en a vingt-deux , le corps germanique trente-six et les Etats-Unis vingt-quatre. *Serait-elle trop considérable par l'étendue de son territoire ? Cette étendue serait-elle un obstacle insurmontable à la célérité des opérations du gouvernement fédéral, à la facile transmission de ses ordres ?*

Mais ces opérations nécessairement rares et peu compliquées ne peuvent être comparées aux relations journalières et multipliées du gouvernement d'un seul Etat avec ses administrés et les diverses parties de son territoire. Malgré leur grandeur et leur éloignement, les nations européennes ont toujours possédé des moyens suffisants de communication pour leurs nombreuses relations diplomatiques, commerciales ou militaires. D'ailleurs, la rapidité de ces moyens a été, de nos jours, portée au plus haut degré par les chemins de fer et les fils électriques qui effacent les distances, et semblent destinés à favoriser cette entente des nations que nous appelons de tous nos vœux.

Ce gouvernement fédératif pourra donc facilement fonctionner et présenter des chances de durée, autant du moins que peuvent durer les choses humaines.

Aussi l'adversaire le plus redoutable du système analogue de l'abbé de Saint-Pierre, J.-J. Rousseau, avoue-t-il, « que jamais » projet plus grand, plus beau, ni plus utile n'occupa l'esprit » humain.

» Les avantages, dit-il, qui résulteraient de l'exécution de ce » projet et pour chaque prince, et pour chaque peuple, et pour » toute l'Europe sont immenses, clairs, incontestables. On ne peut » rien concevoir de plus solide et de plus exact que les raisonne- » ments par lesquels l'auteur les établit. Réalisez sa République » européenne un seul jour; c'en est assez pour la faire durer » éternellement. »

Si ce philosophe approuve le système de l'abbé de Saint-Pierre, à plus forte raison peut-on admettre la possibilité pratique du projet simplifié que je soumets, Sire, à la haute expérience de Votre Majesté et qui diffère de l'autre en plusieurs points essentiels : entr'autres, en ce que c'est l'alliance des peuples et des souverains que je propose, et non pas seulement celle des souverains, et en ce que le pouvoir législatif et judiciaire émane au deuxième degré, en tout ou en partie, de l'élection populaire, si ce n'est dans le petit nombre d'Etats où le pouvoir législatif n'est en rien électif.

III. J.-J. Rousseau ajoute : « Il n'y a rien d'impossible dans ce » projet, si non qu'il soit adopté par les souverains. Les mêmes prin- » ces qui défendraient de toutes leurs forces cette Confédération, si

» elle existait, s'opposeraient maintenant de même à son exé-
» cution. »

Pour quel motif ?

Dira-t-on, contrairement à l'opinion de J.-J. Rousseau, *que cette institution est contraire aux véritables intérêts personnels des souverains, à ceux de leurs dynasties, de leurs ministres et de leurs courtisans ?*

Quelles raisons spécieuses pourrait-on alléguer ?

Soutiendra-t-on, *que des princes, jaloux de leur indépendance, ne voudraient pas descendre à se subordonner à une autre puissance qu'à celle de leur caprice et de leur épée ? Qu'ils croiraient humilier l'orgueil de leur naissance et de leur couronne ?*

Mais ces princes, qu'on dit si indépendants, ne sont-ils pas soumis au contrôle de l'opinion publique et aux lois fondamentales de leur empire ? Pourquoi donc rougiraient-ils de reconnaître les lois constitutives de la ligue européenne qui ne gêneraient en rien leur liberté d'action dans le cercle des intérêts purement nationaux ?

IV. *Les princes sentent que la Haute-Cour européenne ne pourrait les garantir de la révolte de leurs sujets, sans garantir en même temps les peuples de la tyrannie des princes; qu'ils pourraient donc être avertis, censurés, déposés.*

Je répondrai que ces princes gouverneront bien et qu'alors ils n'auront rien à craindre de la justice de la Haute-Cour qui les maintiendra efficacement contre des agitations et des insurrections illégitimes; ou ils gouverneront mal, et, dans ce cas, en l'absence d'un gouvernement fédératif, ils ne pourraient se soutenir contre leur peuple révolté. Ils auront donc tout à gagner à soumettre leur cause au jugement de la Haute-Cour plutôt qu'au hasard des conflits civils.

V. *La réduction des armées enlèvera aux princes ces nombreux satellites qui en imposent aux peuples, et qui sont dans leurs mains des instruments de force et quelquefois de tyrannie.*

Les princes en diminuant leurs armées qui ruinent, même en temps de paix, le trésor public, pourront conserver une force suffisante pour réprimer les émeutes et les insurrections. Et cette force particulière pourra être augmentée et devenir irrésistible par l'intervention de l'armée fédérale.

VI. *Les souverains pourraient-ils craindre que l'unité poli-tique de l'Europe fût préparée par l'uniformité progressive des lois, des mesures, peut-être par l'adoption d'une langue commune, choisie parmi celles de l'Europe, et qu'un jour cette Confédération européenne devînt un Etat unique, monarchique ou républicain par la force d'un souverain conquérant ou par l'influence des révolutions, et qu'ainsi les rois disparussent de la scène ?*

Les conquêtes seraient rendues impossibles par l'établissement d'un gouvernement fédéral, tandis que le régime actuel donne à un prince ambitieux, à la faveur *des grands jeux de la force et du hasard*, la chance de bouleverser et de conquérir l'Europe entière. D'ailleurs, l'intérêt des nations, autant que des souverains, s'opposerait toujours à cette centralisation excessive ; il faut à un territoire aussi vaste que l'Europe plusieurs centres d'autorité. Un empire unique, composé de l'Europe entière, renfermerait des germes de dissolution et finirait bientôt par se démenbrer comme ceux de Charlemagne et de Napoléon Ier.

VII. *Un pareil projet contrarierait l'amour des souverains pour les conquêtes, pour l'extension de leur territoire, et pour la gloriole des victoires. Combien d'officiers supérieurs qui touchent de gros traitements et qui sont comblés d'honneurs seraient remerciés et mis à la réforme ? Avec quel regret ils sentiraient la carrière des honneurs militaires se refermer ou se resserrer devant eux ou leurs fils ? Ils verront donc ce projet d'aussi mauvais œil que le maréchal de Biron vit celui de son fils qui lui*

*demanda en vain deux mille cavaliers pour couper la retraite
au duc de Parme et à qui il dit ensuite : « Si tu l'eusses fait, la
guerre était finie, et toi et moi nous n'aurions plus rien eu à
faire qu'à planter des choux à Biron. »*

Par le temps où nous vivons, on rabat beaucoup de la gloire
militaire, surtout lorsqu'elle ne se propose que des résultats peu
utiles à la civilisation. Et tout en admirant le génie militaire des
grands capitaines, on gémit généralement de le voir dépensé en
pure perte pour le bonheur des peuples, à former des concentrations
forcées de provinces et de nations qui n'ont rien à gagner souvent
à changer de maître. La raison publique sait à quoi s'en tenir sur
l'éclat des victoires sanglantes, sur le produit net de tant de traités
faisant et défaisant les limites qui parquent les peuples ; vanité la
plus grande qui existe sous le soleil !

Votre Majesté ne l'ignore pas, la lutte incessante contre la nature
brute et sauvage, voilà la guerre vraiment glorieuse qu'il faut pousser
de plus en plus avec courage ! Les landes, les friches, les terrains
salés, les marécages infects, voilà les ennemis qu'il faut conquérir !
Les abondantes moissons à la place de ces plaines stériles, le reboi-
sement des montagnes arides, l'irrigation d'un sol desséché, par un
meilleur aménagement des cours d'eau qui, comme on l'a dit, rou-
lent chaque année sans profit, plusieurs milliards de francs à la mer,
des voies de toute espèce, des bâtiments d'utilité publique, tous ces
travaux dont plusieurs honorent le règne de Votre Majesté, voilà les
victoires qui illustrent et enrichissent les nations et leurs chefs.

C'est vers ces arts de la paix et vers les emplois civils, que les
officiers réformés pourront, dans ce déclassement passager, tourner
leur activité et leur talent.

Au reste, notre proposition n'empêche pas absolument la guerre.
L'armée fédérale peut marcher pour exécuter les sentences de la
Haute-Cour, tantôt contre un état européen, obstiné à faire la guerre
à une autre nation de cette partie du monde, (ce qui aurait pu se
pratiquer récemment dans les différends entre la Russie et la France,
entre l'Autriche et le Piémont, si, contre toute probabilité, la puissance condamnée n'avait pas voulu obtempérer à la décision arbitrale

de la Haute-Cour); tantôt l'armée fédérale marcherait dans un pays contre celui des partis politiques qui voudrait faire la guerre civile malgré le jugement de la Haute-Cour; d'autres fois, pour la défense du territoire commun ou de celui d'une nation européenne, elle irait repousser l'aggression étrangère; enfin, en attendant qu'un gouvernement fédératif du globe pût juger pacifiquement les prétentions et griefs des Etats de l'Europe contre les autres parties du monde, l'armée fédérale pourrait au besoin, après la décision de la Haute-Cour, semblable aux grandes armées des croisades, porter dans des contrées étrangères, barbares ou trop dépourvues de population, de nouveaux habitants avec de nouveaux éléments de civilisation; ou bien cette expédition pourrait être laissée aux soins, risques et périls de la nation européenne qu'elle intéresserait particulièrement.

Ainsi il y aurait encore pour les guerriers des lauriers à cueillir, un aliment pour l'humeur conquérante et belliqueuse. Le courage et l'enthousiasme militaire ne seraient plus une aveugle férocité excitée, comme nous l'avons vu tant de fois, par l'intérêt d'un monarque ou de sa dynastie, par des différences d'opinions religieuses ou politiques, ou par un faux point d'honneur entre deux souverains, mais l'accomplissement d'une mission légitime, utile à la patrie comme à l'humanité. C'est pour ces expéditions que le clergé pourrait bénir, sans regret, les drapeaux des combattants et invoquer pour eux le Dieu des armées, le Dieu de la guerre juste et inévitable. C'est de ces dernières guerres qu'on pourrait dire, sans sophisme, qu'elles servent la civilisation en mêlant les peuples.

D'ailleurs, dans un avenir assez long pour désintéresser les guerriers de nos temps, ces guerres finiraient par disparaître devant le gouvernement fédéral, et c'est alors, mais seulement alors, pour me servir encore, Sire, de vos pittoresques expressions, que « *tous les peuples s'embrasseraient à la face de la tyrannie détrônée, de la terre consolée et de l'humanité satisfaite.* »

Ainsi les princes n'ont aucune raison, dans leur intérêt réel, de repousser un pareil projet.

VI.

*Mais, dira-t-on, ils obéiront à leur intérêt apparent, aux pré-
jugés de leur temps, aux passions qui les aveuglent, aux courtisans qui les trompent ou n'ont pas le courage de leurs principes, de peur d'être pris comme Turgot pour des rêveurs ver-
tueux. Il n'y a que la force, dit J J. Rousseau, qui pourrait
réaliser un pareil projet ou l'influence des révolutions.*

Jamais sans doute la force d'un grand prince n'aurait de plus
utile application. Jamais Napoléon Ier, par exemple, n'aurait mieux
employé la force incomparable de son génie militaire, s'il n'avait
visé qu'à ce seul but, et il l'aurait infailliblement atteint, lui qui
aurait voulu, avec le concours de l'Angleterre, *gouverner le monde,
fixer chez tous les peuples le repos et la prospérité, ou par la
force ou par la persuasion.*

Jamais les révolutions des peuples, comme celles de la France en
1789 et en 1848, n'auraient eu une direction plus sainte et plus sympathique, si elles avaient aspiré à cette salutaire réforme qu'elles
auraient pu accomplir. Mais il n'est pas besoin, pour opérer un si
grand bien, de la force des conquérants, ces verges de la colère
divine, ni de la force des révolutions qu'il faut savoir, sans doute,
utiliser pour le bien de l'humanité, lorsque, par malheur, elles sont
déchaînées, mais qu'il faut soigneusement contenir. J'augure mieux
de la raison et du cœur des princes et de leurs ministres, trop
pénétrés des lumières de leur siècle et des sentiments de la charité.
La force de la persuasion suffit, si elle est exercée par un prince
éminent. Oui, Sire, que Votre Majesté daigne proposer aux souverains de l'Europe le projet d'une confédération; faire entendre le
langage si éloquent de sa haute raison; que vos ambassadeurs le
développent dans les conseils des princes. La presse popularisera
cette grande idée; le clergé de tous les cultes y applaudira et le chef
vénérable de l'Eglise catholique, pour le succès de cette véritable

paix de Dieu, pour cette sainte croisade contre l'état sauvage qui règne entre les nations de l'Europe, saura réveiller cet élan qu'excita autrefois la voix d'Urbain II et de saint Bernard.

Permettez-moi, Sire, de faire observer à Votre Majesté que, si elle pouvait obtenir l'assentiment des souverains de l'Autriche, de la Russie, de l'Angleterre et de la Prusse, la cause de la Confédération européenne serait gagnée. Car l'exemple de ces Etats de premier ordre entraînerait l'accession des Etats de second et de troisième ordre, qui sont en quelque sorte leurs satellites, et si ces derniers entraient d'abord dans la ligue fédérale qui doit sauvegarder l'égalité de leurs droits malgré l'inégalité de leur puissance, l'influence de leur plus grand nombre pourrait déterminer l'agrégation des premiers.

Si quelque nation de l'Europe refusait d'abord de concourir à cette sainte alliance, l'œuvre de la paix perpétuelle dans cette partie du monde n'en serait pas moins à-peu-près accomplie. Car de deux choses l'une : ou les nations réfractaires laisseraient pour toujours en paix la Confédération des nations unies ; et alors le but essentiel de cette institution serait atteint, ou bien l'une d'elles entrerait en guerre avec l'union et, dans ce cas, la victoire serait assurée à cette dernière qui imposerait à la nation vaincue, pour première condition, son adjonction à la ligue européenne.

Ainsi, soit par la persuasion, soit par la force, dans cette dernière hypothèse, s'établirait peu à peu la sainte alliance des peuples de l'Europe.

Qui pourrait en douter ? Quoi, il a été possible aux premiers législateurs, malgré les passions des hommes, malgré leur amour inné pour l'indépendance, de substituer à l'état sauvage l'état social, de fonder chez des peuplades grossières le gouvernement, les lois, le culte, la famille, la propriété, les tribunaux pour régler les intérêts et les différends si divers, si compliqués de plusieurs millions d'individus ! et il ne serait pas possible de vaincre la résistance de quelques potentats éclairés et chrétiens pour les ranger sous une loi commune et simple qui, sans leur ôter l'indépendance et la liberté d'action dans le domaine de leurs Etats, les garantirait contre là révolte injuste de leurs sujets? Quoi ! il a été possible, une fois les Etats formés, d'en réunir plusieurs en un seul, soit par conquêtes, soit par traités, malgré l'opposition opiniâtre des mœurs, des lois et souvent de langues différentes, de fonder ainsi les vastes empires de Syrie, de Perse, des Romains, des Arabes, de Charlemagne, de Napoléon Ier, et l'on jugerait impraticable l'entreprise de relier les seize Etats de l'Europe, non dans un empire unique, mais dans une Confédération? L'établissement d'une Confédération, petite ou grande, est bien plus facile que la fondation d'un Etat chez un peuple sauvage, et surtout que la fusion de plusieurs Etats en un seul. Car pour parvenir à ce dernier résultat, il faut éliminer plusieurs souverains qui ne s'y prêtent guères. Combien de temps et de peine n'a-t-il pas fallu aux Romains pour enfanter leur grandeur? Cinq siècles pour conquérir les divers Etats de l'Italie, et encore plus de deux siècles et demi pour étendre leur domination depuis le Danube aux sables de la Lybie, depuis l'Océan à l'Euphrate. Pour ne pas rappeler les autres nations anciennes ou modernes, combien de peines et de temps n'a-t-il pas fallu aux rois de France, depuis Louis VI à Louis XIII, pour former notre royaume? Aux rois d'Espagne, pour fonder l'unité politique de la Péninsule hispanique, à laquelle manque encore le Portugal? Et pour restaurer celle de la Péninsule italienne, combien d'obstacles n'ont pas arrêté, au moyen-âge et dans les temps modernes, quelques esprits généreux, amis de cette belle nationalité dont le corps a été déchiré en plusieurs lambeaux, frappés d'atonie.

Mais, en moins de temps et avec moins d'efforts, on a vu s'établir la Confédération helvétique du quatorzième au seizième siècle; celle des provinces unies de Hollande, en 1579; celle des Etats-Unis d'Amérique reconnue en 1793, d'abord au nombre de treize Etats, élevés successivement à vingt-quatre, et surtout la Confédération germanique persistant avec des formes diverses, depuis le quinzième siècle jusqu'à la dissolution de l'empire germanique en 1806; remplacée alors par la Confédération du Rhin, sous la protection du vainqueur d'Austerlitz; et enfin, reconstituée plus fortement par l'acte du 6 janvier 1816, union si redoutable qu'elle tient l'Europe en échec et qui en étendant de proche en proche son réseau, et en se perfectionnant, pourrait se transformer dans la Confédération européenne dont je sollicite l'établissement. C'est encore avec moins de difficulté que Votre Majesté, Sire, pourra ressusciter la nationalité italienne et faire circuler son âme et sa vie commune dans ses membres électrisés, en les reliant dans la Confédération arrêtée à Villafranca. C'est pour le moment le parti le plus sage.

Ce que Votre Majesté fera en Italie, ce qui a été fait ailleurs, en matière de Confédération, elle pourra en provoquer l'application à l'Europe entière. Cette partie du monde, la plus civilisée, Sire, attend, par ce moyen, de Votre Majesté, comme d'un libérateur, marqué du doigt de Dieu, la délivrance de ce cruel fléau de la guerre qui l'a ravagée, de tous temps, plus que toutes les pestes réunies, le remède à cette plaie qui ronge et dessèche les sources les plus vitales de sa prospérité et creuse souvent le gouffre où sombrent, avec le crédit public des Etats, les gouvernements les plus forts. Voyez, Sire, cette foule suppliante des contribuables de tous les Etats d'Europe, écrasés sous le poids des taxes, tourner les regards vers Votre Majesté. Voyez ce long cortége de mères inconsolables, de veuves éplorées prosternées aux pieds de votre trône, en habits de deuil. Daignez écouter leurs lamentables gémissements à travers les chants harmonieux qui célèbrent vos victoires. Tous les hommes sensés de l'Europe qui ont le courage de leur opinion, adjurent respectueusement Votre Majesté, Sire, de commencer cette œuvre civilisatrice, d'entrer résolument dans cette ère nouvelle d'une politique vraiment grande, vraiment chrétienne, substituée à l'égoïsme national et païen, de jeter au moins les bases de cet édifice que l'avenir pourrait achever. Ce que je propose, Sire, n'est ni une œuvre de parti, ni une révolution. Votre Majesté n'a pas à détruire une vieille institution pour la remplacer par une autre, mais à étendre l'empire du droit positif dans le domaine de la force et du hasard, l'ordre au sein du chaos. Elle consolidera ainsi à jamais l'équilibre vacillant du système des Etats européens, en posant la clé de leur voûte commune. Elle élèvera sur un terrain vierge et sauvage l'arche de la sainte alliance des peuples. Un grand homme sur le trône ne se renferme pas dans le cercle étroit du patriotisme national et de son siècle ; placé à un point de vue supérieur, il embrasse toute l'humanité et les siècles à venir.

C'est à vous, Sire, oui, à vous que revient l'initiative de ce complément indispensable de la civilisation européenne.

Vous, l'élu du suffrage universel !

Vous, l'héritier de Napoléon Ier, qui vous faites gloire de pratiquer ses grandes idées et qui n'ignorez pas que ce grand homme aurait voulu établir la paix perpétuelle en Europe et dans le monde entier, si les hommes haineux qui régissaient alors l'Angleterre avaient voulu accepter l'alliance de la France ; cette alliance que vous avez récemment réalisée pour sauvegarder l'équilibre européen contre l'ambition de la Russie !

Vous, qui avez pris pour devise de votre règne : *l'Empire c'est la paix !* et qui, après avoir épuisé la voie des négociations et proposé vainement un Congrès à l'Autriche, n'avez fait la guerre que comme un mal nécessaire, dans l'état actuel de l'Europe, pour arriver à l'affranchissement d'une nationalité asservie !

Vous, à qui ne manque plus désormais le prestige de la gloire militaire et qui avez accompli l'expédition d'Italie avec une rapidité Césarienne ; mais qui avez assez de modération pour dédaigner un vain esprit de conquête, susceptible d'allumer une guerre générale, à la grande joie des ennemis de votre dynastie.

Oui, Sire, je ne laisse pas emporter ma raison par l'enthousiasme du bien. Je crois que Dieu a donné à Votre Majesté le pouvoir de réaliser l'institution méditée par Henri IV et Sully qui n'étaient pas des visionnaires.

Il faudrait, dit J.-J. Rousseau, *un moment favorable pour réaliser un tel projet.*

Et quel temps fut jamais plus opportun que celui où Votre Majesté vient de résoudre avec un tact si parfait la question italienne ? La paix est signée à Villafranca ! Un cri d'admiration s'élève à votre louange de toutes les parties du monde. Mais cette paix sera-t elle durable en Europe qui n'est jamais restée cinquante ans sans guerre, malgré le lien moral établi par l'analogie des mœurs, des lois, des

religions et par les maximes incertaines du droit public , interpré-
tées par l'intérêt du plus fort? Cette paix dût-elle durer un siècle ,
n'appartient-il pas à un sage , à un héros sur le trône de l'assurer
pour tous les siècles et d'exterminer le monstre de la guerre qui
absorbe, chaque année , l'impôt fatal du sang du prolétaire et de la
rançon du riche?

Pourquoi , Sire, Votre Majesté ne mettrait pas à profit l'ascen-
dant que vos victoires vous donnent en Europe? N'a-t-elle pas dit
elle-même, Sire (2 mars 1854), que le *rôle de la France est de
mettre dans tous les traités son épée de Brennus, en faveur de la
civilisation?* Pourquoi donc , Sire , ne pas stipuler pour prix de ce
sanglant sacrifice de tant de braves gens , tués de part et d'autre ,
victimes obéissantes du devoir militaire, la paix et la fraternité des
générations présentes et futures.

Si cette gloire si pure , si conforme aux vrais intérêts de votre
dynastie était réservée à Votre Majesté, l'histoire, Sire, vous décer-
nerait le titre du plus grand bienfaiteur de l'humanité !

Je prie Votre Majesté ,

Sire ,

De vouloir bien agréer avec mes humbles vœux ,

l'hommage de mon plus profond respect ,

Pierre SIGAUD.

Nimes, 25 juillet 1859.